Duden

Kurz geübt & schnell kapiert

Deutschheft

6. Klasse

Dudenverlag
Berlin

Lernplan von ______________________

Satzglieder: Subjekt, Prädikat, Objekt

Das **Subjekt** eines Satzes erfragt man mit: Wer oder was?
Es steht im Nominativ.

Ein **Prädikat** kann zwei Teile haben: Du *bist vorbeigegangen*.
Sie *hat verloren*.

Objekte sind Ergänzungen. Man kann sie erfragen:

Wen oder was?	Akkusativobjekt
Wem?	Dativobjekt
Wessen?	Genitivobjekt

1 **Unterstreiche in den folgenden Sätzen das Subjekt.**

Die Sonne scheint. Die Wolken ziehen.

Die Vögel fliegen. Viele Kinder spielen. 1

Kreuze an, wie der nicht unterstrichene Teil des Satzes heißt.

☐ Objekt ☐ Prädikat 4

2 **Unterstreiche das Prädikat. Prüfe, ob es zweiteilig ist.**
Frage nach dem Subjekt. Umkreise es.

Die Kinder haben ihren Freunden einen Ball gegeben.

Herbstbäume verlieren viele Blätter.

Mit einem Ball spielen viele Kinder. 6

3 **Unterstreiche die Objekte. Gib an, welche Fragen sie beantworten.**

Merle liebt Ballspielen. Henner gibt Merle seinen Ball.

Wen oder was? ______ 4

4 Ergänze geeignete Prädikate. Notiere die Frage nach dem Subjekt. Notiere die Frage nach dem Objekt und gib an, um welches es sich handelt.

1. *Mein Vater* ____ *liest* ____ *die Zeitung.* ____

   Frage nach dem Subjekt: ____________________

   Frage nach dem Objekt: *Wen oder was liest mein Vater? Akkusativobjekt*

2. *Meine Mutter* ____ ____ *Kekse.* ____

   Frage nach dem Subjekt: ____________________

   Frage nach dem Objekt: ____________________

3. *Ich* ____ ____ *mit dem Hund.* ____

   Frage nach dem Subjekt: ____________________

   Frage nach dem Objekt: ____________________

4. *Der Hund* ____ ____ *Hundefutter.* ____

   Frage nach dem Subjekt: ____________________

   Frage nach dem Objekt: ____________________

5. *Meine kleine Schwester* ____ ____ *eine Sandburg.* ____

   Frage nach dem Subjekt: ____________________

   Frage nach dem Objekt: ____________________

6. *Die Möwe* ____ ____ *Muscheln.* ____

   Frage nach dem Subjekt: ____________________

   Frage nach dem Objekt: ____________________

Pro Satzgruppe 1 Punkt [ ] 6

[ ] 21 – 15 Punkte | 14 – 10 Punkte | 9 – 0 Punkte | [ ] Gesamtpunktzahl

Satzglieder: Umstellprobe

Ein Satz setzt sich aus verschiedenen **Satzgliedern** zusammen, die aus einem oder mehreren Wörtern bestehen.
Was als Satzglied zusammengehört, zeigt die **Umstellprobe**:

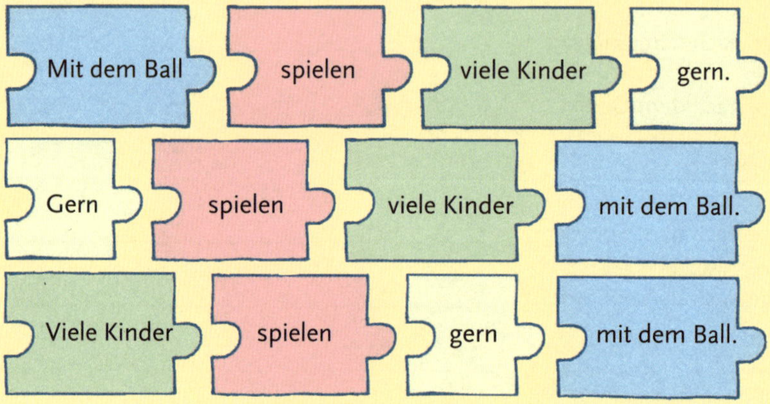

Tipp: Das Satzglied „Prädikat“ kann zwei Teile haben (siehe Seite 4).

1 **Bestimme die Satzglieder und trenne sie durch einen Strich /.**

Mit einem Fahrrad fahren sehr viele Schülerinnen und Schüler zur Schule. Sie tragen ihre Schultasche auf dem Rücken. Das Fahrrad wird mit einem Schloss abgeschlossen. 9

2 **Stelle die Satzglieder aus Übung 1 um und schreibe die neuen Sätze auf.**

Pro richtig umgestelltem Satz 1 Punkt 3

1

3 Bilde aus den folgenden Satzgliedern Sätze und notiere sie. Stelle an den Anfang, was du hervorheben möchtest.

1. *es* *oft* *auf dem Schulhof* *zu Streitereien* *kommt*

___

2. *Streitschlichter* *darum* *viele Schulen* *haben*

___

3. *übernehmen* *besonders ausgebildete* *Schüler* *diesen Job*

___

4. *Konflikte zwischen Streithähnen* *diese Vermittler* *klären*

___

5. *Schulhöfe und Pausenhallen* *viel ruhiger* *sind* *seitdem*

___ 5

Zweiteilige Prädikate (siehe Seite 4) können andere Satzglieder umschließen. Sie werden darum auch **Prädikatsklammern** genannt:
Mit dem Ball *haben* viele Kinder gern *gespielt*.

4 Unterstreiche die Prädikate. Achte auf zweiteilige Prädikate.

Sicher würde es ohne Streitschlichter viel mehr Stress auf Schulhöfen geben.

Vermitteln Dritte in Konfliktfällen, so werden sie immer auch auf Techniken

hinweisen, mit denen sich zukünftig Konflikte besser lösen lassen. 4

21–16 Punkte | 15–10 Punkte | 9–0 Punkte | Gesamtpunktzahl

Satzglieder: Adverbiale (1)

Nach dem **Adverbial des Ortes** fragt man: Wo? Wohin?
Nach dem **Adverbial der Zeit** fragt man: Wann? Wie lange? Wie oft?

1 Trage ein, um welches Adverbial es sich handelt.

	Adverbial
„Auf Wiedersehen, Mama!"	
„Wohin gehst du, Pauline?" „Zu Marvin."	→ *des Ortes*
„Wo wohnt Marvin?" „In der Mozartstraße."	
„Wann kommst du zurück?" „Um acht Uhr."	
„Aha, dann bist du zum Abendbrot	
wieder hier. Wie schön!"	

4

2 Verwende das Gespräch oben, um den angefangenen Text fortzuführen. Unterstreiche in deinem Text die Adverbiale des Ortes und umkreise die Adverbiale der Zeit. Notiere unter dem Adverbial jeweils das Fragewort.

Pauline verabschiedet sich nachmittags von ihrer Mutter, um zu Marvin zu

Wann? *Wohin?*

gehen. Sie ruft: „Auf Wiedersehen, Mama!" Paulines Mutter fragt: ______________

____

____

____

____

____ 10

3 **Kreuze an, um welche Art von Adverbial es sich handelt.**

	Adverbial	
	des Ortes	der Zeit
Um halb neun Uhr ist Pauline	☐	☐
noch nicht zu Hause.	☐	☐
Das Abendbrot steht auf dem Tisch.	☐	☐
Die Mutter geht zum Telefon.	☐	☐
Sie sucht im Telefonbuch die Nummer von Marvins Eltern.	☐	☐
„Hallo, ist Pauline noch bei Ihnen?“	☐	☐
„Ja, sie ist hier.	☐	☐
Wir sitzen alle am Tisch und essen Abendbrot.“	☐	☐
„Ich warte auf meine Tochter schon ein halbe Stunde.	☐	☐
Sie sollte um acht Uhr	☐	☐
wieder zu Hause sein.	☐	☐
Ich komme gleich	☐	☐
mit dem Auto zu Ihnen	☐	☐
und hole sie dort ab.“	☐	☐

☐ 14

☐ 28 – 21 Punkte 20 – 14 Punkte 13 – 0 Punkte ☐ Gesamtpunktzahl

Satzglieder: Adverbiale (2)

Nach dem **Adverbial des Grundes** fragt man:
Warum? Weshalb? Wieso?
Nach dem **Adverbial der Art und Weise** fragt man:
Wie? Auf welche Weise?

★ **1** **Ergänze, um welches Adverbial es sich handelt: Ort, Zeit, Grund oder Art und Weise?**

ICE verfährt sich	**Adverbial**
Neulich geriet ein ICE auf dem Weg von	*Zeit*
München nach Leipzig auf eine Nebenstrecke.	
Aus Versehen fuhr er nicht über die	
Schnellbahntrasse, sondern durch das	
kurvenreiche Altmühltal. Ein Sprecher der	
Bahn versicherte, man bedauere dies	
außerordentlich; die Sicherheit des	
Zugverkehrs sei deshalb aber nicht	
beeinträchtigt gewesen. Der Zug sei wegen	
eines Stellwerkfehlers falsch abgebogen.	
Schließlich kamen die Fahrgäste zwar mit einiger	
Verspätung, aber wohlbehalten	
an ihrem Ziel an. Sie erhielten einen	
Reisegutschein als Ausgleich für die	
Unannehmlichkeiten.	

10

2 **Unterstreiche die Adverbiale im Text.**
Kreuze an, um welches Adverbial es sich handelt.

	Adverbial			
	Ort	Zeit	Grund	Art und Weise
Eines schönen Tages stand ich auf und	☐	☐	☐	☐
wusste auf wundersame Weise nicht,	☐	☐	☐	☐
wo ich mich hier befand.	☐	☐	☐	☐
Lag ich noch träumend	☐	☐	☐	☐
in meinem Bett?	☐	☐	☐	☐
War über Nacht die Welt eine andere geworden?	☐	☐	☐	☐
Hatte ich hundert Jahre geschlafen?	☐	☐	☐	☐
Und wer bitte war das Wesen,				
das mich da so hoffnungsvoll anstarrte?	☐	☐	☐	☐
Vollkommen verwirrt erhob ich mich.	☐	☐	☐	☐
Doch wie in einem Taumel verlor ich nun	☐	☐	☐	☐

die letzte Orientierung. Wo war ich?

☐ 10

☐ 20 – 14 Punkte 13 – 9 Punkte 8 – 0 Punkte ☐ Gesamtpunktzahl

Hauptsatz und Nebensatz (1)

Im **Hauptsatz** ist das Prädikat meist das zweite Satzglied.
Im **Nebensatz** steht das Prädikat am Satzende.

Rückt der Nebensatz an den Anfang des Satzes, steht im anschließenden Hauptsatz das Prädikat vorn:
Weil meine Mutter Pluto gut versteht, *füttert* sie ihn sofort.

Pluto sitzt vor dem Kühlschrank,

weil er Hunger hat.

Er erwartet ungeduldig,

dass meine Mutter ihm Futter gibt.

1. **Unterstreiche in den beiden Sätzen die Prädikate.** 4

2. **Notiere hinter den Satzteilen oben, wo es sich um einen Hauptsatz (HS) und wo es sich um einen Nebensatz (NS) handelt.** 4

3. **Stelle die Sätze oben so um, dass die Nebensätze am Anfang stehen.**

____

______________________________ 2

4 **Umkreise alle Prädikate.**
Unterstreiche die Nebensätze.
Schreibe in die rechte Spalte, ob es sich um Hauptsätze (HS) oder Nebensätze (NS) handelt.

Wenn wir am Tisch sitzen, ____________

ist Pluto auch im Zimmer. ____________

Pluto bettelt immer, ____________

obwohl er gar keinen Hunger hat. ____________

Mein Vater meint dann, ____________

dass wir ihm nichts geben sollten, ____________

weil der Hund sonst zu dick wird. ____________

Nur meine Oma richtet sich nicht nach dem, ____________

was mein Vater sagt. ____________

Wir gehen mit unserem Hund oft spazieren, ____________

weil er viel Bewegung braucht. ____________

Weil Pluto eigentlich ein Jagdhund ist, ____________

bellt er gleich, ____________

wenn er  Katzen oder Kaninchen sieht. ____________

Darum passen wir gut auf ihn auf, ____________

wenn wir draußen sind. ____________ ☐ 16

☐ 26 – 20 Punkte | 19 – 13 Punkte | 12 – 0 Punkte | ☐ Gesamtpunktzahl

Hauptsatz und Nebensatz (2)

★ **1** **Umkreise die Prädikate in jedem Satz.
Unterstreiche alle Nebensätze.**

Hund rettet Kindern das Leben

Weil zwei zwölf und sechzehn Jahre alte Brüder aus Göttingen zu Weihnachten einen Hund bekommen hatten, überlebten sie ein Feuer in ihrer Wohnung.

Als in der Nacht zum Freitag gegen drei Uhr in der Dachgeschosswohnung der Familie ein Feuer ausgebrochen war, weckte das noch junge Tier die schlafenden Jungen durch lautes Gebell und Gejaule.

Darum konnten sie den Flammen noch rechtzeitig entkommen, teilte ein Polizeisprecher mit.

Da der Fluchtweg durch das Treppenhaus des Mehrfamilienhauses durch Flammen und Rauch versperrt war, retteten die Nachbarn mit einer Leiter die beiden Jungen, die laut um Hilfe riefen.

Nachdem sie gerettet waren, mussten die Brüder mit Rauchvergiftungen ins Krankenhaus gebracht werden.

Die 38-jährige Mutter erlitt einen Schock, als sie einige Minuten nach Ausbruch des Feuers nach Hause kam. Du kannst dir vorstellen, dass die Familie dem Hund sehr dankbar war. Weil er den Jungen das Leben gerettet hatte, bekam er zur Belohnung zwei Würstchen.

16

Nebensätze erkennst du oft auch an den **Konjunktionen**, die sie mit dem Hauptsatz verbinden, z. B. *wenn, als, weil, indem, nachdem, da, dass, obwohl.*

1

2 **Umkreise im Text auf Seite 14 alle Konjunktionen.** 8

3 **Gib an, wie viele Nebensätze nicht vorangestellt sind:** ______________ 4

4 **Füge die Konjunktionen aus dem Wortspeicher in den Lückentext ein.**

als *dass* *dass* *obwohl* *da/weil* *sobald* *da/weil* *da/weil*

Papagei als Dolmetscher

__________ sie ganz lustig ist, will ich euch eine kleine Geschichte aus meinem Freundeskreis erzählen. Eine Familie mit vier Kindern hatte immer einige Haustiere, darunter auch Katzen, ______ alle sehr tierlieb waren. __________ eines Tages die Großmutter verstarb, erbten sie Linda, ihren alten Papagei. Sie merkten schnell, __________ der Papagei sehr viel Spaß am lebendigen Alltag in der Familie hatte.

Eine Katze bekam Junge und man behielt eines davon, ______________ es doch schon so viele Tiere im Haus gab. ______________ es immer sehr turbulent zuging, bemerkten die Kinder erst spät, _______________ die kleine Katze, die Emily hieß, stumm war. Sie öffnete zwar den Mund zum Miauen, aber es war nichts zu hören. Linda sprang für sie ein.

_________________ Emily ihr Mäulchen aufriss, kreischte Linda „Miau!“. 8

36–27 Punkte | 26–18 Punkte | 17–0 Punkte | Gesamtpunktzahl

Vermischte Übungen

1 **Trenne die Satzglieder ab. Notiere unter der Zeile jeweils, was Subjekt (S), Prädikat (P), Objekt (Obj) oder Adverbial (Adv) ist. Frage- und Verneinungswörter bleiben unberücksichtigt.**

1. Welche Leute haben ständig ein Abführmittel bei sich?

   ____

   Polizisten mit Handschellen.

2. Auf welcher Straße kann man weder gehen noch fahren?

   ____

   Auf der Milchstraße.

3. Wer kann ohne Zähne beißen?

   ____

   Die Zwiebel.

4. Wie kann ein lebendiger Mensch ohne Kopf in einem Zimmer sein?

   ____

   Indem er den Kopf zum Fenster hinausstreckt.

5. Wer ist tiefer, Tasse oder Teller?

   ____

   Die Oder.

6. Warum gehen Ameisen nicht in Kirchen?

   ______________________________ 6

   Weil sie Insekten sind.

1

2 **Unterstreiche im folgenden Text alle Nebensätze. Umkreise die Konjunktionen.**

Licht an!

Die Polizei überprüft in Zusammenarbeit mit den Schulen regelmäßig die Fahrräder der Schülerinnen und Schüler. Obwohl die Kontrollen angekündigt werden, ist die Mängelquote sehr groß. Die meisten Mängel (etwa 22 Prozent) werden bei der Beleuchtung festgestellt. Die Polizei ist darüber sehr besorgt, weil gerade die Beleuchtung wichtig für die Sicherheit der Radfahrer ist. Die Polizei bittet insbesondere die Eltern, dass sie auf die Verkehrssicherheit der Fahrräder achten. Sie sollten ihre Kinder dazu anhalten, dass sie frühzeitig die Beleuchtung an ihren Rädern einschalten. Kannst du sagen, warum das notwendig ist? Du hast doch gute Augen und kannst auch in der Dämmerung noch alles erkennen. Darauf kommt es aber nicht an! Die Beleuchtung an deinem Fahrrad dient auch dazu, dass andere Verkehrsteilnehmer dich sehen und auf dich Rücksicht nehmen können. Wenn die Autos ihre Scheinwerfer angeschaltet haben, solltest auch du das Licht an deinem Fahrrad anmachen, damit du nicht übersehen wirst!
Hast du daran schon gedacht?

[ ] 16

[ ] 22 – 17 Punkte | 16 – 11 Punkte | 10 – 0 Punkte | [ ] Gesamtpunktzahl

Komma bei Haupt- und Nebensatz (1)

Ist ein Hauptsatz mit einem oder mehreren Nebensätzen verbunden, spricht man von einem **Satzgefüge**.
Nebensätze können vorangestellt, eingeschoben oder nachgestellt sein.
Sie werden immer mit Komma vom Hauptsatz getrennt.

1 Unterstreiche in den folgenden Sätzen die Subjekte.
Umkreise die Prädikate.

Echo

Wenn du vor einer Felswand laut rufst kommt es vor dass dir jemand antwortet indem er dich nachäfft. Du weißt dass du dann ein Echo hörst. Ein Echo entsteht wenn ausgesandte Schallwellen von einer Wand zurückgeworfen werden die mindestens 17 Meter entfernt sein muss damit man ein Echo hören kann. Diese Entfernung ist notwendig weil der Schall pro Sekunde etwa 340 Meter zurücklegt. Für die Strecke von zweimal 17 Metern benötigt er eine Zehntelsekunde. Das ist der Zeitraum in dem das menschliche Gehör den Ruf und das Echo als zwei verschiedene Laute wahrnehmen kann.

Pro Satz 1 Punkt | 6

2 Unterstreiche im Text zu Übung 1 die Hauptsätze mit einer zweiten Farbe. | 5

3 Notiere zu jedem Satz das Satzbaumuster. Gib an, ob es sich um einen Hauptsatz (HS) oder um einen Nebensatz (NS) handelt.
Setze in jedem Satz alle Kommas.
Nutze als Hilfe deine Vorarbeiten aus Übung 1.

1. Wenn du vor einer Felswand laut rufst, kommt es vor, dass dir jemand antwortet, indem er dich nachäfft.

   ______ NS ______, HS ______, ______ NS ______

   ______, ______ NS ______.

2. Du weißt dass du dann ein Echo hörst.

3. Ein Echo entsteht wenn ausgesandte Schallwellen von einer Wand zurückgeworfen werden die mindestens 17 Meter entfernt sein muss damit man ein Echo hören kann.

4. Diese Entfernung ist notwendig weil der Schall pro Sekunde etwa 340 Meter zurücklegt.

5. Für die Strecke von zweimal 17 Metern benötigt er eine Zehntelsekunde.

6. Das ist der Zeitraum in dem das menschliche Gehör den Ruf und das Echo als zwei verschiedene Laute wahrnehmen kann.

Pro Satzbild mit Kommas 1 Punkt ____ | 5

____ 16–12 Punkte 11–8 Punkte 7–0 Punkte ____ Gesamtpunktzahl

Komma bei Haupt- und Nebensatz (2)

1 **Umkreise in den folgenden Sätzen die Prädikate. Notiere sie in der Randspalte.**

Urpferdchen

	Prädikate
Es gab Zeiten	______________
da waren Pferde Winzlinge	______________
wenn man sie mit heutigen Pferden vergleicht.	______________
Ein interessantes Beispiel ist	______________
das versteinerte Skelett eines Urpferdes	______________
das im Mainzer Naturhistorischen Museum ausgestellt ist.	______________
Es ist fast 50 Millionen Jahre her	______________
dass die trächtige, kleine Stute im Schlamm eines Sees versank	______________
der sich damals in der heutigen Eifel ausdehnte.	______________
Vielleicht angelte sie sich frisches grünes Laub	______________
während sie im Morast unterging.	______________
Damals gab es dort sogar Krokodile	______________
die die kleine Stute jedoch nicht erwischten.	______________
Heute ist der See längst ausgetrocknet	______________
der das tropische Leben dieser frühen Zeit konserviert hat.	______________

❷ Unterstreiche die Nebensätze im Text auf Seite 20. 7

❸ Schreibe den vollständigen Text von Seite 20 ab und setze alle Kommas. 8

Komma bei Haupt- und Nebensatz (3)

1 **Was ist hier Hauptsatz und Nebensatz? Setze in den folgenden drei Texten die fehlenden Kommas.**

Nach Äsop
Der Fuchs und die Trauben

Ein Fuchs sah einen Weinstock an dem reife Trauben hingen. Er überlegte sich wie er sie abbrechen und essen könnte. Als er sie aber trotz großer Anstrengungen nicht erreichen konnte tröstete er sich mit den Worten: „Die Trauben sind ja noch so unreif und sauer dass ich sie ohnehin nicht mag.“ 4

Das Mountainbike

Zum Geburtstag bekam ich von meinem Opa ein Mountainbike das ich mir schon lange gewünscht hatte. Man kann sich vorstellen wie sehr ich mich über dieses Geschenk gefreut habe. Als ich es in unserer Straße ausprobierte sah mich mein Freund Daniel. Er bewunderte mein neues Mountainbike sodass ich ihn auch damit fahren ließ. Als er wieder zu mir zurückgekommen war sagte er: „Weil ein Mountainbike Spaß macht wünsche ich mir zum Geburtstag auch eins.“ In der nächsten Woche hatte Daniel Geburtstag aber seine Eltern haben ihm kein Mountainbike geschenkt. Ich traute meinen Ohren nicht als er plötzlich sagte:

„Ich brauche kein Mountainbike denn ich habe ja mein Fahrrad. Außerdem gibt es in unserer Gegend keine Berge auf die ich fahren könnte. Mein Vater hat recht wenn er sagt dass Mountainbikes viel zu teuer und unpraktisch sind.“ 12

In der Tanzstunde

Mein älterer Bruder wollte es eigentlich verhindern dass meine Eltern ihn in der Tanzschule anmeldeten. Als er aber mehrere Male dort gewesen war schwärmte er von den Mädchen die er dort getroffen hatte. Er erzählte vor allem von einer gewissen Jessica die eine ganz tolle Tänzerin sei. Nachdem meine Mutter aufmerksam zugehört hatte sagte sie zu meinem Bruder: „Ich habe nichts dagegen wenn du Jessica zu deinem Geburtstag einlädst.“ Mein Bruder meinte dass das eine sehr gute Idee sei. Aber am nächsten Tag musste er kleinlaut mitteilen dass Jessica seine Einladung abgelehnt hatte. „Ich bin über die Ablehnung gar nicht traurig weil Jessica nicht zu meinen übrigen Freunden gepasst hätte. Wenn wir Unsinn gemacht hätten hätte Jessica nicht mitgemacht.“ 10

26 – 20 Punkte | 19 – 13 Punkte | 12 – 0 Punkte | Gesamtpunktzahl

Eingeschobener Nebensatz (1)

Ein **Nebensatz** kann in einen **Hauptsatz** eingeschoben werden.
Vor und hinter dem eingeschobenen Nebensatz steht dann ein Komma:
Der Hund, *den ich zum Geburtstag bekommen habe,* ist ein Dackel.

1 Unterstreiche die Hauptsätze grün und alle einzuschiebenden Sätze rot.

Mit dem Hund, der noch sehr verspielt ist, tolle ich den ganzen Tag herum.

Wir haben den Hund, weil er ja eigentlich ein Jagdhund ist, „Greif" genannt.

Plötzlich fing der Hund, als er den Briefträger bemerkte, laut zu bellen an.

Hunde, die bellen, beißen nicht. 4

2 Schreibe jeden Satz so um, dass der Nebensatz jeweils in den Hauptsatz eingeschoben ist.
Setze die Kommas vor und nach dem eingeschobenen Nebensatz.
Unterstreiche die Hauptsätze rot und die eingeschobenen Nebensätze blau.

Leider kannte Greif dieses Sprichwort nicht, weil er noch zu jung war.

____

____

____

Unser Greif biss den Briefträger von hinten in die Wade,
weil er ihn wohl für einen Feind hielt.

____

____

____

Mein Vater versuchte den Briefträger zu beruhigen,
der den Vorfall alles andere als lustig fand.

Zum Glück hatte mein Vater eine Versicherung abgeschlossen,
als er den Dackel kaufte.

Die Versicherung würde alle Schäden bezahlen, die der Dackel anrichtet.

Pro Komma 1 Punkt | 10

14–10 Punkte | 9–7 Punkte | 6–0 Punkte | Gesamtpunktzahl

Eingeschobener Nebensatz (2)

★ **1** **Unterstreiche alle eingeschobenen Nebensätze rot.**

Gutgegangen

In unserer Zeitung die immer über die Verbrechen aus aller Welt berichtet habe ich kürzlich Folgendes gelesen: Ein Verbrecher der eine Bank überfallen hatte wurde von der Polizei verfolgt. Der 33-Jährige rettete sich als die Polizei ihn fast erreicht hatte in eine Schule. Dort nahm er 80 Schülerinnen und Schüler die sich in der Schule aufhielten und drei Lehrerinnen als Geiseln. Alle Heranwachsenden mussten sich auf den Boden setzen. Der Verbrecher drohte er werde seine Geiseln erschießen und verschanzte sich in einem Klassenraum hinter dem Pult. Die Polizei umstellte die Schule, in der sich der Geiselnehmer befand. Sie forderte ihn vergeblich auf, dass er die Waffen niederlegen und sich ergeben solle. Der Geiselnehmer der zu allem entschlossen war lehnte ab. Die Polizei die das Leben der Kinder nicht aufs Spiel setzen wollte verhielt sich ruhig. Nach 30 Stunden konnten die Polizisten ohne Gebrauch der Waffen in die Schule eindringen. Der Geiselnehmer war vor Müdigkeit eingeschlafen und die Lehrerinnen und Kinder die vor Aufregung wach geblieben waren hatten sich inzwischen aus der Schule geschlichen.

Pro eingeschobenem Satz 1 Punkt | | 8

2 **Schreibe den Text auf Seite 26 als Eigendiktat. Lies den Text Satz für Satz, decke ihn dann ab und schreibe jeden Satz aus dem Gedächtnis auf. Ergänze alle fehlenden Kommas.**

Pro richtig ergänztem Komma 1 Punkt ___ 16

24 – 17 Punkte | 16 – 12 Punkte | 11 – 0 Punkte | Gesamtpunktzahl

Komma bei Aufzählungen

1 **Leite die Kommaregel zu Aufzählungen ab.**

Wer war gestern Abend bei Stefanie? – 1. Gabriella, 2. Kiara **und** 3. Carl.
Was habt ihr dort gemacht? – Wir haben 1. erzählt, 2. Musik gehört **und** 3. am Computer gespielt.
Habt ihr auch etwas gegessen? – Ja klar, 1. salzige Erdnüsse, 2. scharfe Kartoffelchips **und** 3. süße Schokoriegel.
Mit wem gehst du morgen schwimmen? – Ich weiß es noch nicht, vielleicht mit 1. Dana, 2. Justin **oder** 3. Hannah.

Ergänze das fehlende Wort.

Die Regel zu Aufzählungen lautet:
Zwischen aufgezählten Satzgliedern steht
und,
oder
oder ein ______________________. 1

2 **Ergänze die Lücken.**

1. Zum Geburtstag wünsche ich mir

______________ , ______________________________.

2. Geschenkt bekommen habe ich

______________ , ______________________________.

3. Gratuliert haben mir

______________ , ______________________________.

4. Eingeladen habe ich

______________ , ______________________________. 4

★ **Aufgaben mit höherem Schwierigkeitsgrad**

1 Grammatik

Seite 4–5

1. Die Sonne scheint.
   Die Wolken ziehen.
   Die Vögel fliegen.
   Die Kinder spielen.

   [X] Prädikat

2. Die Kinder haben ihren Freunden einen Ball gegeben.
   Herbstbäume verlieren viele Blätter.
   Mit einem Ball spielen viele Kinder.

3. Henner gibt Merle (Wem?) seinen Ball. (Wen oder was?)

4. ★ *Lösungsvorschlag:*
   2. Meine Mutter isst Kekse. Frage nach dem Subjekt: Wer isst Kekse? Frage nach dem Objekt: Wen oder was isst meine Mutter? – Akkusativobjekt
   3. Ich spiele mit dem Hund. Frage nach dem Subjekt: Wer spielt mit dem Hund? Frage nach dem Objekt: Mit wem spiele ich? – Dativobjekt
   4. Der Hund frisst Hundefutter. Frage nach dem Subjekt: Wer frisst Hundefutter? Frage nach dem Objekt: Wen oder was frisst der Hund? – Akkusativobjekt
   5. Meine kleine Schwester baut eine Sandburg. Frage nach dem Subjekt: Wer baut eine Sandburg? Frage nach dem Objekt: Wen oder was baut meine kleine Schwester? – Akkusativobjekt
   6. Die Möwe sucht Muscheln. Frage nach dem Subjekt: Wer sucht nach Muscheln? Frage nach dem Objekt: Wen oder was sucht die Möwe? – Akkusativobjekt

Seite 6–7

1. Mit einem Fahrrad / fahren / sehr viele Schülerinnen und Schüler / zur Schule. Sie / tragen / ihre Schultasche / auf dem Rücken. Das Fahrrad / wird / mit einem Schloss / abgeschlossen.

2. Sehr viele Schülerinnen und Schüler fahren mit einem Fahrrad zur Schule.
   Oder: Zur Schule fahren sehr viele Schülerinnen und Schüler mit einem Fahrrad.
   Auf dem Rücken tragen sie ihre Schultasche. Oder: Ihre Schultasche tragen sie auf dem Rücken.
   Abgeschlossen wird das Fahrrad mit einem Schloss. Oder: Mit einem Schloss wird das Fahrrad abgeschlossen.

3. *Lösungsvorschlag:*
   1. Auf dem Schulhof kommt es oft zu Streitereien.
   2. Darum haben viele Schulen Streitschlichter.
   3. Diesen Job übernehmen besonders ausgebildete Schüler.
   4. Diese Vermittler klären Konflikte zwischen Streithähnen.
   5. Seitdem sind Schulhöfe und Pausenhallen viel ruhiger.

4. **Prädikate:** würde ... geben, Vermitteln, werden ... hinweisen, lösen lassen

Seite 8–9

1. In der Mozartstraße = Adverbial des Ortes
   Um acht Uhr = Adverbial der Zeit
   zum Abendbrot = Adverbial der Zeit
   hier = Adverbial des Ortes

2 Paulines Mutter fragt: „Wohin gehst du, Pauline?" Pauline antwortet: „Zu Marvin." (Wohin?) Paulines Mutter will wissen, wo Marvin wohnt. Pauline sagt: „In der Mozartstraße." (Wo?) „Wann kommst du zurück?", erkundigt sich Paulines Mutter. Pauline erwidert, dass sie um acht Uhr (Wann?) zurückkommt. „Aha, dann bist du zum Abendbrot (Wann?) wieder hier. (Wo?) Wie schön!", ruft Paulines Mutter.

3

	Adverbial
Um halb neun	der Zeit
zu Hause	des Ortes
auf dem Tisch	des Ortes
zum Telefon	des Ortes
im Telefonbuch	des Ortes
bei Ihnen	des Ortes
hier	des Ortes
am Tisch	des Ortes
schon eine halbe Stunde	der Zeit
um acht Uhr	der Zeit
zu Hause	des Ortes
gleich	der Zeit
zu Ihnen	des Ortes
dort	des Ortes

Seite 10–11

1 ★

	Adverbial
auf ... Nebenstrecke	des Ortes
Aus Versehen	des Grundes
außerordentlich	der Art und Weise
deshalb	des Grundes
wegen ... Stellwerkfehlers	des Grundes
Schließlich	der Zeit
wohlbehalten	der Art und Weise
an ihrem Ziel	des Ortes
als Ausgleich	des Grundes

2

Eines schönen Tages	der Zeit
auf ... Weise	der Art und Weise
hier	des Ortes
träumend	der Art und Weise
in meinem Bett	des Ortes
über Nacht	der Zeit
hundert Jahre	der Zeit
hoffnungsvoll	der Art und Weise
Vollkommen verwirrt	der Art und Weise
wie in einem Taumel	der Art und Weise

Seite 12–13

1 + 2

Pluto sitzt vor dem Kühlschrank,	HS
weil er Hunger hat.	NS
Er erwartet ungeduldig,	HS
dass meine Mutter ihm Futter gibt.	NS

3 Weil er Hunger hat, sitzt Pluto vor dem Kühlschrank. Dass meine Mutter ihm Futter gibt, erwartet er ungeduldig.

4

Wenn wir am Tisch sitzen,	NS
ist Pluto auch im Zimmer.	HS
Pluto bettelt immer,	HS
obwohl er gar keinen Hunger hat.	NS
Mein Vater meint dann,	HS
dass wir ihm nichts geben sollten,	NS
weil der Hund sonst zu dick wird.	NS
Nur meine Oma richtet sich ...,	HS
was mein Vater sagt.	NS
Wir gehen mit unserem Hund ...,	HS
weil er viel Bewegung braucht.	NS
Weil Pluto eigentlich ein ...,	NS
bellt er gleich,	HS
wenn er Katzen oder ...	NS
Darum passen wir gut auf ihn auf,	HS
wenn wir draußen sind.	NS

Seite 14–15

1 ★ Weil zwei zwölf und sechzehn Jahre alte Brüder aus Göttingen zu Weihnachten einen Hund bekommen hatten, überlebten sie ein Feuer in ihrer Wohnung. Als in der Nacht zum Freitag gegen drei

Uhr in der Dachgeschosswohnung der Familie ein Feuer ausgebrochen war, weckte das noch junge Tier die schlafenden Jungen durch lautes Gebell und Gejaule. Darum konnten sie den Flammen noch rechtzeitig entkommen, teilte ein Polizeisprecher mit.
Da der Fluchtweg durch das Treppenhaus des Mehrfamilienhauses durch Flammen und Rauch versperrt war, retteten die Nachbarn mit einer Leiter die beiden Jungen, die laut um Hilfe riefen.
Nachdem sie gerettet waren, mussten die Brüder mit Rauchvergiftungen ins Krankenhaus gebracht werden.
Die 38-jährige Mutter erlitt einen Schock, als sie einige Minuten nach Ausbruch des Feuers nach Hause kam.
Du kannst dir vorstellen, dass die Familie dem Hund sehr dankbar war.
Weil er den Jungen das Leben gerettet hatte, bekam er zur Belohnung zwei Würstchen.

2 Weil, Als, Darum, Da, Nachdem, als, dass, Weil

3 Zwei Nebensätze sind nicht vorangestellt.

4 ★ Da/Weil, weil/da, Als, dass, obwohl, Da/Weil, dass, Sobald

Seite 16–17

1
1. Welche Leute (S) | haben (P) | ständig (Adv) | ein Abführmittel (Obj) | bei sich? (Adv)
2. Auf welcher Straße (Adv) | kann (P) | man (S) | weder gehen noch fahren? (P)
3. Wer (S) | kann (P) | ohne Zähne (Adv) | beißen? (P)
4. Wie | kann (P) | ein lebendiger Mensch (S) | ohne Kopf (Adv) | in einem Zimmer (Adv) | sein? (P)
5. Wer (S) | ist (P) | tiefer, (Adv) | Tasse oder Teller? (S)
6. Warum | gehen (P) | Ameisen (S) | nicht | in Kirchen? (Adv)

2 Nebensätze: Obwohl die Kontrollen angekündigt werden, ...; ..., weil gerade die Beleuchtung wichtig für die Sicherheit der Radfahrer ist; ..., dass sie auf die Verkehrssicherheit der Fahrräder achten; ..., dass sie frühzeitig die Beleuchtung an ihren Rädern einschalten; ..., warum das notwendig ist?; ..., dass andere Verkehrsteilnehmer dich sehen und auf dich Rücksicht nehmen können; Wenn die Autos ihre Scheinwerfer angeschaltet haben, ...; ..., damit du nicht übersehen wirst!

2 Zeichensetzung

Seite 18–19

1 Wenn du vor einer Felswand laut rufst kommt es vor dass dir jemand antwortet indem er dich nachäfft. Du weißt dass du dann ein Echo hörst. Ein Echo entsteht wenn ausgesandte Schallwellen von einer Wand zurückgeworfen werden die mindestens 17 Meter entfernt sein muss damit man ein Echo hören kann. Diese Entfernung ist notwendig weil der Schall pro Sekunde etwa 340 Meter zurücklegt. Für die Strecke von zweimal 17 Metern benötigt er eine Zehntelsekunde. Das ist der Zeitraum in dem das menschliche Gehör den Ruf und das Echo als zwei verschiedene Laute wahrnehmen kann.

2 ★ Die Hauptsätze sind in der Lösung zu Übung 1 grau markiert.

3 2. Du weißt, dass du dann ein Echo hörst.
____ HS___, _______ NS _________.
3. Ein Echo entsteht, wenn ..., die ..., damit ...,
_____ HS _____, _______ NS _______,
_____ NS ________, ____ NS _______.
4. Diese Entfernung ist notwendig, weil, ...
_____ HS _____, _______ NS _______.
5. Für die Strecke von zweimal 17 Metern benötigt er eine Zehntelsekunde.
_____________ HS _______________.
6. Das ist der Zeitraum, in dem ...
______ HS ______, ______ NS ______.

Seite 20 – 21

1 **Prädikate:** gab; waren; vergleicht; ist; ausgestellt ist; ist; versank; ausdehnte; angelte; unterging; gab; erwischten; ist ... ausgetrocknet; konserviert hat

2 + 3 ★

Es gab Zeiten, da waren Pferde Winzlinge, wenn man sie mit heutigen Pferden vergleicht. Ein interessantes Beispiel ist das versteinerte Skelett eines Urpferdes, das im Mainzer Naturhistorischen Museum ausgestellt ist. Es ist fast 50 Millionen Jahre her, dass die trächtige, kleine Stute im Schlamm eines Sees versank, der sich damals in der heutigen Eifel ausdehnte. Vielleicht angelte sie sich frisches grünes Laub, während sie im Morast unterging. Damals gab es sogar Krokodile, die die kleine Stute jedoch nicht erwischten. Heute ist der See längst ausgetrocknet, der das tropische Leben dieser frühen Zeit konserviert hat.

Seite 22 – 23

1 **Der Fuchs und die Trauben:** Komma nach: Weinstock, sich, konnte, sauer
Das Mountainbike: Komma nach: Mountainbike, vorstellen, ausprobierte, Mountainbike, war, macht, Geburtstag, nicht, Mountainbike, Berge, recht, sagt
In der Tanzstunde: Komma nach: verhindern, war, Mädchen, Jessica, hatte, dagegen, meinte, mitteilen, traurig, hätten

Seite 24 – 25

1 Die Hauptsätze sind einfach, die eingeschobenen Sätze mit einer Schlangenlinie unterstrichen.
Mit dem Hund, der noch sehr verspielt ist, tolle ich den ganzen Tag herum.
Wir haben den Hund, weil er ja eigentlich ein Jagdhund ist, „Greif" genannt.
Plötzlich fing der Hund, als er den Briefträger bemerkte, laut zu bellen an.
Hunde, die bellen, beißen nicht.

2 Leider kannte Greif, weil er noch zu jung war, dieses Sprichwort nicht.
Unser Greif biss den Briefträger, weil er ihn wohl für einen Feind hielt, von hinten in die Wade.
Mein Vater versuchte den Briefträger, der den Vorfall alles andere als lustig fand, zu beruhigen.
Zum Glück hatte mein Vater, als er den Dackel kaufte, eine Versicherung abgeschlossen.
Die Versicherung würde alle Schäden, die der Dackel anrichtet, bezahlen.

Seite 26 – 27

1 ★ ..., die immer über die Verbrechen aus aller Welt berichtet, ...; ..., der eine Bank überfallen hatte, ...; ..., als die Polizei ihn fast erreicht hatte, ...; ..., die sich in der Schule aufhielten, ...; ..., er werde seine Geiseln erschießen, ...; ..., der zu allem entschlossen war, ...; ..., die das Leben der Kinder nicht aufs Spiel setzen wollte, ...; ..., die vor Aufregung wach geblieben waren, ...

Seite 28 / 37

1 Zwischen aufgezählten Satzgliedern steht und, oder oder ein Komma.

2 *Lösungsbeispiele:*
1. Glück, Gesundheit und ein langes Leben.
2. ein Fahrrad, vier Bücher und einen Kinogutschein.
3. meine Eltern, meine Großeltern und meine Freunde.
4. Sarah, Sophie, und Jan.

3 ★ **Pflegeleichter Hund:** ... hat vier Beine, sieht mit einer Kamera und wird mit Batterien betrieben. ... laufen, sich hinsetzen und noch 40 andere Handlungen ausführen. ... Bellen, Beinchen heben und Häufchen ... verzichten. ... Asien, Amerika und Europa ...
Dummer Dieb: ... war in die Spielzeugabteilung gekommen, hatte sich Playmobil-Zubehör (Wert: 30 Euro) eingesteckt und war aus dem Geschäft gerannt. ... konnte dem Jungen nachlaufen, ihn mühelos einholen und der Polizei übergeben.
Kidnapping: ... fing das Tier in einem Park, hielt es zwei Wochen als „Geisel" und verlangte ... Lösegeld. ... beim Bellen, Fressen und Spielen ...

Seite 38 – 39

1 Komma nach: Weite, Natur, Koalas, Welt, Geschichte, Bio, groß, Prinzip, Hausaufgaben, nicht, (oder fliegen), herausstellen

2 Nebensätze: ... , denn im Umkreis von 900 Kilometern ... unterrichtet. ..., als dass die Kinder ... gehen könnten. ..., das in Mount Isa ... praktiziert wird. ..., die sie selbstständig erledigen müssen. ..., dass die Kids ... abschalten könnten! ..., wo sie Klassenarbeiten und Tests schreiben müssen. ..., welche Schüler ... aus dem Äther.

3 ★ Komma nach: Gouverneurs, Mann, matt, Flusses, hatte, ausruhen, Wege, gekommen war, versteinert, erblickte, geladen war, Löwen, weglaufen, sah, Löwe, Krokodil, Strom, Abgrund, dem, hörte, Gedanke, fähig war, Erwartung, hob, Freude, Augenblick, stürzte, Krokodils, errungen hatte, Freund, wollte

3 Rechtschreibung

Seite 40 – 41

1 die Zeitung, der See, der Stuhl, der Tisch, das Schiff, das Auto, der Baum, die Sonne, das Fahrrad, das Kind, die Tasse, der Mond, die Straße, das Haus, die Blume, die Wolke

2 nach Magdeburg, viele Späße, sein Name, in aller Munde, Die besten Bürger, der Stadt, etwas Abenteuerliches, vom Rathauserker, ein Geschrei, in der Stadt, alte Menschen, auf dem Markt, auf den Erker, des Rathauses, seine Arme, Die Leute, ihre Augen, ihre Mäuler, der größte Narr, auf der Welt, eine ganze Stadt, voll von Narren, einem Narren, keine Gans, keine Flügel

Seite 42 – 43

1 eine ziemliche Berühmtheit, viel Beachtung, in einer Filmrolle, an der Seite, eines Mannes, an Bekanntheit, der Herr, des Dschungels, die Freiheit, kleine Pausen, abenteuerlichen Erlebnissen, mit Dummheiten, Gewitztheiten, Tollereien, die vielen Gelegenheiten, endlose Purzelbäume, die Bäume, in nie gesehener Geschwindigkeit, voller Schlauheit, in die Kamera, die Filmzuschauer, ihr Fehlen, kein Verständnis, Von Hause, eine Schimpansin, In aller Richtigkeit, mehrere Schimpansinnen, trotz aller Sportlichkeit, die Menschen-

affen, die immergleichen Späße, in den vielen Tarzanfilmen, als Gemeinheit, Eines schönen Tages, die Verpflichtung, schlechte Laune, in die Gesellschaft, ihrer Artgenossen, statt Eigentum, einer Filmgesellschaft, die Verpflegung, das Publikum, mit ihrer Geschicklichkeit, Fröhlichkeit und Klugheit, keine Lust

2 + 3

-heit: die Berühmtheit, die Bekanntheit, die Freiheit, die Dummheit, die Gewitztheit, die Gelegenheit, die Schlauheit, die Gemeinheit, die Klugheit

-keit: die Geschwindigkeit, die Richtigkeit, die Sportlichkeit, die Geschicklichkeit, die Fröhlichkeit, die Heiterkeit, die Tapferkeit

-nis: das Erlebnis, das Verständnis, das Geheimnis

-ung: die Beachtung, die Verpflichtung, die Verpflegung, die Strömung, die Begegnung

-tum: das Eigentum, das Wachstum, das Brauchtum, das Fürstentum

-schaft: die Gesellschaft, die Filmgesellschaft, die Verwandtschaft, die Mitgliedschaft

Seite 44 – 45

1 etwas Überraschendes, viel Beeindruckendes, etwas Verblüffendes, viel Auffälliges, etwas Ausgestorbenes, Genaueres, etwas sehr Bedeutendes, ganz im Verborgenen

2 ★ **Richtig sind:** aushärtete, Vielgestaltiges, schmückend, Bräunliche, Gelbe, gelb, Besonderes, Einschlüsse, Ähnliches, Auffinden, fünfhundertste, Fund, wissenschaftlich, Wertvolles, berühmtes

Seite 46 – 47

1 *Lösungsbeispiel:*

Nomenbegleiter	Beispiele
bestimmter Artikel	der, die, das
unbestimmter Artikel	ein, eine, ein
Pronomen	mein, dein, sein, ihr euer, dieser
Präposition (+ Artikel)	beim (bei + dem), im (in + dem)
Adjektiv (+ Artikel)	schönes Wetter, die strahlende Sonne
Mengenangaben	viele Häuser, einige Blumen, zwei Stunden
Typische Nomenendungen	-heit, -keit, -nis, -ung, -tum, -schaft

2 Ein 14-Jähriger: unbestimmter Artikel; auf Zwergengröße: Präposition; seinen Haustieren: Pronomen; schrecklicher Quälgeist: Adjektiv; mit Wildgänsen: Präposition; viel Abenteuerliches: Mengenangabe

3 Gefängnis, Berühmtheit, Jahrhunderte, erweitert, Bauwerk, Wohnsitz, Kronjuwelen, englischen, leben, Kolkraben, Hingabe, britische, Commonwealth, Wahres

Seite 48 – 49

1 das Kind, das Buch, das Telefon, das Geheimnis, das Fahrrad, das Brötchen; Das geht nicht! Das stimmt! Das hat mich geärgert! Lass das! Das Fahrrad, das ... ; Ein Problem, das ... ; Wo ist das Heft, das ...

2 dass, dass, dass

3 ★ Ich wollte das verhindern. Er soll das Geheimnis ..., Was, das habe ich ..., Ein Beispiel, das mir ..., Alle ärgerten sich, dass der Wandertag ..., Sport ist ein Schulfach, das ich ..., Meine Freunde glaubten, dass wir ..., Man sollte immer das Beste ..., Frau Schmidt bestätigt, dass ..., Erkan liebt Backgammon, ein Spiel, das ..., Ich sehe ein, dass ...,

Seite 50 – 51

1 das sagte ...; ... das Geschäft ...; ..., dass der ...; ..., dass er ...; ... das Sakko ...; ... das Gerede ...; ..., dass es ...; ..., das war ...

2 Das Klingeln ...; Das israelische Fernsehen ...; ..., dass die Friedhofsangestellten ...; ..., dass es ...; ..., dass sein Handy ...; ... das Grab ...; ... das klingelnde Telefon.

3 ..., dass eine Bremer Familie ...; ... das Wasserbecken ...; Das Verhängnis ...; ... das Abflusssieb ...; ..., dass die Wiederbeschaffung ...

Seite 52 – 53

1 + 2
das Flugzeug; Das Hotel; Das Zimmer; Das Wetter; das Wasser; ..., dass wir gestern ...; Das Essen; ..., dass wir alle ...; Das wäre; ..., dass es dir gut geht ...; ... dass unser Hund; das Beste

Seite 54 – 55

1 **End-, end-**: Endstation, endlos, endgültig, endlich
Vorsilbe ent-: entdecken, entfalten, entwerfen, enttarnen, entdecken
Vorsilbe Ent-: Entfernung, Entscheidung, Entschluss, Enttäuschung
Sonstige Wörter mit -ent-: unentgeltlich, hoffentlich, ordentlich, versehentlich, eigentlich

4 Aufsätze schreiben

Seite 56 – 57

1 *Lösungsbeispiel:*
Schreck in der Raststätte
Letzten Donnerstag fuhren meine Eltern und ich vom Italienurlaub zurück nach Hamburg. Ich war furchtbar müde und schlief die meiste Zeit auf dem Rücksitz unter einer Decke. Ungefähr um halb sechs Uhr morgens hielt mein Vater an der Raststätte Hildesheim. Während er tankte und meine Mutter etwas zu trinken kaufte, lief ich zu dem Toilettenhäuschen hinüber. Als ich zur Zapfsäule zurückkam, blieb ich wie angewurzelt stehen – meine Eltern waren weg! Das Herz schlug mir bis zum Hals und ich schaute schnell in alle Richtungen. Aber unser Wagen war nirgends zu sehen. Ich hätte mich am liebsten hingesetzt und geheult. Da fiel mir der Tankwart ein. Vielleicht konnte der mir ja helfen! Ich rannte zum Kassenhaus und erzählte ihm hastig und außer Atem, was passiert war. Er holte mir einen Stuhl, legte mir eine warme Decke um und schenkte mir sogar einen Schokoriegel. Dann fragte er mich nach meinem Namen, meiner Adresse und unserer Telefonnummer. Der Tankwart rief bei mir zu Hause an, aber da meldete sich niemand. Inzwischen war es schon halb sieben. Der Tankwart sagte: „Ich benachrichtige jetzt die Autobahnpolizei. Die Beamten werden schon wissen, was zu tun ist.“ Nach dem Gespräch mit der Polizei brachte mich der Tankwart in ein kleines Zimmer, das hinter der Kassentheke lag. „Hier kannst du erst einmal bleiben und dich ausruhen“, erklärte er. „Ich muss jetzt wieder an die Arbeit, aber sobald sich die Polizei meldet, sage ich dir Bescheid.“ Nachdem er gegangen war, setzte ich mich hin und wartete. Nach einer Ewigkeit kam der Tankwart zurück.

Ich sprang auf. Er sagte lächelnd: „Die Autobahnpolizei hat mich gerade angerufen. Deine Eltern haben anscheinend gar nicht gemerkt, dass du hier an der Raststätte ausgestiegen bist. Als sie zu Hause angekommen waren und dich wecken wollten, haben sie natürlich den Schock ihres Lebens gekriegt. Aber bevor sie die Polizei anrufen konnten, meldete sich schon die Autobahnpolizei bei ihnen. Sie sind auf dem Weg hierher, um dich abzuholen." Anderthalb Stunden später standen meine Eltern vor mir, und wir fielen uns alle glücklich in die Arme.

Seite 58–59

1 *Lösungsbeispiel:*
Der farbenfroh gekleidete Gartenzwerg sieht sehr freundlich aus. Auf dem leicht zur Seite geneigten Kopf trägt er eine rote Mütze, die mit einer rosafarbenen Blume geschmückt ist. Unter der Mütze kommen seine weißen Haare hervor. Sein bärtiges Gesicht ist rund und pausbäckig und betont die strahlend blauen Augen und das breite Lächeln. Er ist mit einer blauen Jacke, einer roten Hose und braunen Stiefelchen bekleidet. In der rechten Jackentasche steckt ein grünes, vierblättriges Kleeblatt. Ebenfalls grün ist die Laterne, die der Zwerg in der rechten Hand hält. Seine linke Hand, auf der ein bunter Schmetterling sitzt, ist auf einen Spaten gestützt. Neben dem Gartenzwerg steht eine gelbe Gießkanne auf dem Rasen. Gartenzwerge werden als Schmuckstücke in Blumenbeeten aufgestellt.

Seite 60–61

1 Hier zählt deine eigene Lösung. Achte darauf, dass deine Personenbeschreibung in einer klaren und sachlichen Sprache verfasst ist und dass sie die charakteristischen Merkmale der Person enthält.

Seite 62–63

1 *Lösungsbeispiel:*
In der Kalendergeschichte „Der kluge Richter" erzählt Johann Peter Hebel, wie der Finder eines Geldbeutels zunächst um seinen Lohn betrogen wird, durch ...

2 ★ *Lösungsbeispiel:*
Ein reicher Mann, der einen Geldbeutel verloren hat, gibt bekannt, dass er dem Finder 100 Taler Belohnung zahlen will. Ein ehrlicher Mann findet einen Geldbeutel mit 700 Talern und bringt ihn dem Reichen. Der verweigert ihm jedoch den Lohn und behauptet, dass sich ursprünglich 800 Taler in dem Beutel befunden hätten, der Finder also den Belohnungsbetrag bereits entnommen habe. Dieser versichert jedoch, dass er nichts aus dem Beutel genommen habe. Da er um seinen guten Ruf besorgt ist, landet der Fall zur Schlichtung vor Gericht. Der kluge Richter durchschaut den Betrug, überlässt dem Finder vorerst den gesamten Geldbetrag und begründet sein Urteil damit, dass der gefundene Geldbeutel nicht der verlorene sein könne.
Mit diesem Beispiel zeigt Johann Peter Hebel, dass es sich auch bei schwierigen Bedingungen lohnt, ehrlich zu sein.

★ 3 **In den folgenden Zeitungsberichten gibt es mehrere Aufzählungen. Unterstreiche sie. Setze die Kommas.**

Pflegeleichter Hund

Eine japanische Computerfirma hat den ersten Roboterhund der Welt entwickelt. Das künstliche Tier hat vier Beine sieht mit einer Kamera und wird mit Batterien betrieben. Es kann laufen sich hinsetzen und noch 40 andere Handlungen ausführen. Nur auf Bellen Beinchenheben und Häufchen müssen die künftigen Herrchen und Frauchen verzichten. In drei Jahren soll der Robo-Dackel auf den Markt kommen und in Asien Amerika und Europa verkauft werden. ☐ 4

Dummer Dieb

Pech für einen neunjährigen Ladendieb in Amsterdam: Der Junge war in die Spielzeugabteilung gekommen hatte sich Playmobil-Zubehör (Wert: 30 Euro) eingesteckt und war aus dem Geschäft gerannt. Doch sein draußen abgestelltes Moutainbike (Wert: 500 Euro) war weg – gestohlen. Der Verkäufer konnte dem Jungen nachlaufen ihn mühelos einholen und der Polizei übergeben. ☐ 2

Kidnapping

Happy End für Pepsie, eine Yorkshire-Hündin aus Metz (Frankreich). Ein 37-Jähriger fing das Tier in einem Park hielt es zwei Wochen als „Geisel" und verlangte von der Besitzerin 10 000 Euro Lösegeld. Als Druckmittel schickte er ein Video, auf dem Pepsie beim Bellen Fressen und Spielen zu sehen war. Bei der Geldübergabe konnte der Mann geschnappt werden. Er wurde zu sechs Monaten Haft verurteilt. ☐ 2

2

☐ 13 – 10 Punkte | 9 – 7 Punkte | 6 – 0 Punkte | ☐ Gesamtpunktzahl

1 **Setze im folgenden Text alle erforderlichen Kommas.**

Die Wüste als Klassenzimmer

Australien – ein Land der unbegrenzten Möglichkeiten: endlose Weite unberührte Natur weit voneinander entfernte Farmen. Wo gehen die Kinder in dem Land der Koalas Kängurus und Aborigines[1] zur Schule? Mount Isa hat nur 23 000 Einwohner. Die Stadt erstreckt sich aber über den ganzen Nordosten des Bundesstaats Queensland. Diese Stadt wirbt mit dem größten Klassenzimmer der Welt denn im Umkreis von 900 Kilometern werden Schülerinnen und Schüler in Geschichte Bio Mathe und Physik über Radio unterrichtet. Mitten in der Wüste sind die Entfernungen viel zu groß als dass die Kinder und Jugendlichen aus mehreren winzigen Gemeinden jeden Tag in eigene Schulen gehen könnten. Radiounterricht ist deshalb das Prinzip das in Mount Isa schon seit Jahren erfolgreich praktiziert wird. Die Lehrer unterrichten per Radio vormittags und nachmittags für jeweils zwei Stunden. Danach bekommen die Schülerinnen und Schüler reichlich Hausaufgaben die sie selbstständig erledigen müssen. Glaube nicht dass die Kids bei unbeliebten Fächern das Radio einfach abschalten könnten! Das lassen die Eltern oder sonstigen Aufsichtspersonen nicht zu. In monatlichen Abständen müssen alle Schüler zum Schulzentrum nach Mount Isa fahren (oder fliegen) wo sie Klassenarbeiten und Tests schreiben müssen. Spätestens dann würde sich herausstellen welche Schüler der Rockmusik mehr Beachtung geschenkt haben als den Lehrerstimmen aus dem Äther[2]. 12

1 Aborigines: Ureinwohner Australiens; 2 Äther: Luft

2 **Unterstreiche im Text oben alle Nebensätze.** 6

★ 3 **Für echte Könner: Setze im folgenden Text alle Kommas.**

Münchhausens Abenteuer: Jagd auf Ceylon[1]

Ungefähr vierzehn Tage nach meiner Ankunft fragte mich der älteste Sohn des Gouverneurs[2] ob ich mit ihm auf die Jagd gehen wolle. Ich nahm seinen Vorschlag herzlich gern an. Mein Freund war ein großer Mann der an die Hitze gewöhnt war. Ich aber wurde nach kurzer Zeit so matt dass ich im Tropenwald weit hinter ihm zurückblieb.

Ich wollte mich eben an dem Ufer eines reißenden Flusses der schon einige Zeit meine Aufmerksamkeit beschäftigt hatte ausruhen als ich auf einmal auf dem Wege den ich gekommen war ein Geräusch hörte. Ich sah zurück und wurde fast versteinert als ich einen ungeheuren Löwen erblickte der mich auffressen wollte. Obwohl meine Flinte nur mit Hasenschrot[3] geladen war feuerte ich auf den Löwen den ich damit nur noch wütender machte. Mehr aus Instinkt als aus vernünftiger Überlegung wollte ich weglaufen als ich vor mir ein scheußliches Krokodil sah das fürchterlich seinen Rachen aufsperrte. Meine Lage war schrecklich: hinter mir der Löwe vor mir das Krokodil zu meiner Linken ein reißender Strom zu meiner Rechten ein Abgrund in dem wie ich nachher hörte die giftigsten Schlangen waren.

Ich stürzte zu Boden. Der einzige Gedanke dessen meine Seele noch fähig war war die schreckliche Erwartung dass ich die Zähne der wütenden Raubtiere zu spüren bekäme. Ich hörte jedoch ein seltsames Geräusch. Als ich meinen Kopf hob sah ich zu meiner unaussprechlichen Freude dass der Löwe in dem Augenblick als ich stürzte über mich hinweg in den Rachen des Krokodils gesprungen war. Ich zog mein Messer und trennte den Kopf des Löwen von seinem Rumpfe ab. Darauf rammte ich mit dem unteren Ende meiner Flinte den Kopf des Löwen noch tiefer in den Rachen des Krokodils das jämmerlich ersticken musste. Bald nachdem ich diesen vollkommenen Sieg über zwei fürchterliche Feinde errungen hatte kam mein Freund weil er wissen wollte warum ich zurückgeblieben war. | /31

1 Ceylon: Insel im Indischen Ozean

2 Gouverneur: Befehlshaber, Statthalter

3 Hasenschrot: Bleikügelchen

	49–38 Punkte	37–25 Punkte	24–0 Punkte	Gesamtpunktzahl

Großschreibung (1)

Groß schreibt man im Deutschen
- das erste Wort eines Satzes,
- Nomen und Eigennamen,
- als Nomen verwendete andere Wortarten (Nominalisierungen).

1 **Jedes der folgenden Bilder steht für ein Nomen.
Schreibe es darunter und ergänze den bestimmten Artikel (Begleiter), also *der*, *die* oder *das*.**

16

Ein Nomen kann verschiedene Begleiter haben:	
Nomenbegleiter	**Beispiele**
bestimmter Artikel	der, die, das
unbestimmter Artikel	ein, eine, ein
Pronomen	mein, dein, sein, ihr, euer, dieser
Präposition (+ Artikel)	beim (bei + dem), im (in + dem)
Adjektiv (+ Artikel)	schönes Wetter, die strahlende Sonne
Mengenangaben	viele Häuser, einige Blumen, zwei Stunden

2 Markiere im Text die Nomen mit ihren Begleitern.

Wie Till Eulenspiegel in Magdeburg fliegen wollte

Eulenspiegel kam auch nach Magdeburg und machte dort viele Späße, sodass sein Name in aller Munde war.

Die besten Bürger der Stadt forderten ihn auf, er möge etwas Abenteuerliches vollbringen. Da prahlte Eulenspiegel, er werde vom Rathauserker herabfliegen. Nun wurde ein Geschrei in der Stadt laut, woraufhin sich junge und alte Menschen auf dem Markt versammelten, weil sie sehen wollten, wie Eulenspiegel fliegt.

Eulenspiegel stieg auf den Erker des Rathauses und bewegte seine Arme, als ob er fliegen wolle. Die Leute standen da, alle rissen ihre Augen und ihre Mäuler auf und meinten nichts anderes, als dass Eulenspiegel wirklich fliegen könne.

Da begann dieser zu lachen und sprach: „Ich dachte immer, dass ich der größte Narr auf der Welt sei. Nun sehe ich aber, dass hier eine ganze Stadt voll von Narren ist. Wenn ihr mir alle zusammen versichert hättet, dass ihr fliegen könnt, ich hätte es nicht geglaubt. Aber ihr glaubt einem Narren, dass er fliegen kann! Ich bin doch keine Gans und habe keine Flügel. Wie sollte ich wohl fliegen?“ 25

41 – 30 Punkte | 29 – 20 Punkte | 19 – 0 Punkte | Gesamtpunktzahl

Großschreibung (2)

1 Unterstreiche die Nomen mit ihren Begleitern.

Cheetah

Cheetah ist eine ziemliche Berühmtheit. Sie fand viel Beachtung in einer Filmrolle an der Seite eines Mannes, der ihr an Bekanntheit nicht nachstand: Tarzan, der Herr des Dschungels. Cheetah hatte die Freiheit, kleine Pausen zwischen Tarzans abenteuerlichen Erlebnissen mit Dummheiten, Gewitztheiten und Tollereien auszufüllen. Sie nutzte die vielen Gelegenheiten, schlug endlose Purzelbäume, raste die Bäume in nie gesehener Geschwindigkeit auf und ab oder grinste voller Schlauheit in die Kamera. Tarzan ohne Cheetah war ebenso wenig vorstellbar, wie Tarzan ohne Jane – die Filmzuschauer hätten für ihr Fehlen kein Verständnis gehabt.

Von Hause aus war Cheetah eine Schimpansin. In aller Richtigkeit: mehrere Schimpansinnen. Denn trotz aller Sportlichkeit empfanden die Menschenaffen die immergleichen Späße, die sie in den vielen Tarzanfilmen auszuführen hatten, irgendwann als Gemeinheit. Eines schönen Tages hatten sie dann die Verpflichtung satt und bekamen schlechte Laune. Sie wollten wohl in die Gesellschaft ihrer Artgenossen zurück, statt Eigentum einer Filmgesellschaft zu sein. Vielleicht war die Verpflegung auch nicht gut genug? Wer weiß. Jedenfalls erfreute jede neue Cheetah das Publikum mit ihrer Geschicklichkeit, Fröhlichkeit und Klugheit. Bis sie keine Lust mehr hatte.

44

2 **Prüfe, welche Nomen aus dem Text du in die folgende Tabelle einordnen kannst, und trage sie dort ein.
Ergänze jeweils den bestimmten Artikel.**

Nomen-endung	Beispiel
-heit	
-keit	
-nis	
-ung	
-tum	
-schaft	

22

3 **Ordne auch die folgenden Nomen in die Tabelle ein. Ergänze den Artikel.**

Heiterkeit *Wachstum* *Strömung* *Verwandtschaft*

Brauchtum *Begegnung* *Tapferkeit* *Mitgliedschaft*

Geheimnis *Fürstentum*

10

76 – 60 Punkte
59 – 43 Punkte
42 – 0 Punkte
Gesamtpunktzahl

Nominalisierung

Auch andere Wortarten können als Nomen verwendet werden.
Dann schreibt man sie groß. Dies betrifft:

- **Adjektive:** schön – etwas Schönes, groß – viel Großes, neu – das Neue
- **Verben:** essen – beim Essen, laufen – das Laufen, schweigen – ein Schweigen
- **Partizipien:** besprochen – das Besprochene, abenteuerlich – viel Abenteuerliches

Man nennt dies Nominalisierung.

1 **Unterstreiche alle Nominalisierungen mit ihren Begleitern.**

„Als hätten wir lebende Dinosaurier entdeckt …"

Als australische Forscher in einem unwegsamen Regenwald westlich von Sydney unterwegs waren, stolperten sie über etwas Überraschendes: Sie entdeckten lebende Fossilien – eine etwa 150 Millionen Jahre alte Kiefernart. Die Nadelbäume, die bis zu 40 Meter Höhe erreichen und einen Stammumfang von bis zu drei Metern haben, weisen viel Beeindruckendes auf. „Es ist, als hätten wir lebende Dinosaurier gefunden", sagte der Biologe auf einer Pressekonferenz, „so etwas Verblüffendes haben wir nie erwartet." Die Wollemikiefern, wie die prähistorischen Bäume nach ihrem Fundort im Nationalpark Wollemi genannt wurden, tragen wachsartige Nadeln. Außerdem zeigen sie viel Auffälliges: Die getäfelte Rinde wirkt wie von riesigen Schokoladenstückchen überzogen. Die engsten Verwandten dieser Kiefern lebten in der Jurazeit und in der Kreidezeit (vor 195 bis 65 Millionen Jahren). Obwohl die Wollemikiefer seit etwa 150 Millionen Jahren als etwas Ausgestorbenes galt, wurden jetzt 39 Überlebende dieser Art entdeckt. Die Forscher halten Genaueres über den Fundort streng geheim, weil diese Fossilien etwas sehr Bedeutendes sind und unbedingt geschützt werden müssen. Diese Kiefern konnten viele Millionen Jahre unbeachtet vor sich hin wachsen, weil ihr Standort ganz im Verborgenen liegt. So soll es auch in Zukunft bleiben. 8

Wende die **Artikelprobe** an:
Wenn du kein Nomensignal findest und unsicher bist, ob ein Wort großgeschrieben wird, dann versuche, den Artikel im Kopf zu ergänzen. Gelingt dies, handelt es sich um ein Nomen.

2 Für Könner: Groß- oder Kleinschreibung? Streiche die falsche Schreibweise durch.

Prähistorische Schatzkammer: Bernstein

Bernstein kann bis zu 260 Millionen Jahre alt sein. Damalige Bäume gaben Harz ab, das im Laufe der Zeit A/aushärtete. Das Ergebnis ist ein festes Material, etwas sehr V/vielgestaltiges. Bern„stein" ist zwar kein Gestein oder Mineral, aber Menschen schätzen ihn als S/schmückend. Seine Farben reichen über das B/bräunliche ins G/gelbe, die Steine sind klar bis hin zu undurchsichtig G/gelb.

Bernstein ist etwas B/besonderes. In ihm finden sich fest eingeschlossen Fossilien. Man findet Kleintiere als E/einschlüsse, die vor Millionen von Jahren gelebt haben: verschiedene Gliederfüßer, Insekten wie Fliegen, Mücken, Libellen und Ä/ähnliches mehr. Vereinzelt sind auch Schnecken, Vogelfedern und Haare von Säugetieren zu finden. Häufig ist auch das A/auffinden pflanzlicher Überreste, auch Wassertropfen oder Lufteinschlüsse wurden entdeckt.

Aber nur etwa jeder F/fünfhundertste Bernstein birgt einen solchen Schatz. Im Baltikum sogar jeder zwanzigste F/fund. Stücke mit vollständig erhaltenen Zeugnissen des damaligen Lebens sind etwas W/wissenschaftlich äußerst W/wertvolles.

Ein sehr B/berühmtes Kunstwerk aus Bernstein war das Bernsteinzimmer im Zarenpalast bei St. Petersburg, das im Zweiten Weltkrieg verschwunden ist. 15

23–17 Punkte | 16–12 Punkte | 11–0 Punkte | Gesamtpunktzahl

Vermischte Übungen

1 **Ergänze die Tabelle: Notiere alle fehlenden Nomenbegleiter oder die fehlenden Beispiele.**

Nomenbegleiter	Beispiele
	der, die, das
	ein, eine, ein
Pronomen	
	beim (bei + dem), im (in + dem)
	schönes Wetter, die strahlende Sonne
Mengenangaben	
Typische Nomenendungen	

7

2 **Unterstreiche Nomen und Begleiter.**
Notiere darunter, um welche Begleiter es sich handelt.

Nils Holgersson

Ein 14-Jähriger wird auf Zwergengröße verkleinert, weil er sich seinen

Haustieren gegenüber als schrecklicher Quälgeist betätigt hat. Nils

Holgersson erlebt mit Wildgänsen viel Abenteuerliches, bevor er erlöst wird.

6

3 **Ergänze im folgenden Lückentext die angegebenen Wörter in der richtigen Schreibweise.**

Die Raben im Tower von London

Der Tower in London ist als ____________________ (GEFÄNGNIS) eine absolute ____________________ (BERÜHMTHEIT). Im Jahre 1078 von Wilhelm dem Eroberer angelegt und im Laufe der ____________________ (JAHRHUNDERTE) mehrfach ausgebaut und ____________ (ERWEITERT), diente das trutzige ____________________ (BAUWERK) als königlicher ____________________ (WOHNSITZ), Staatsgefängnis, Waffenkammer und Kaserne. Heute lagern in einem der Türme die ____________________ (KRONJUWELEN) der ____________________ (ENGLISCHEN) Könige.

Im Tower von London ____________________ (LEBEN) seit dem 17. Jahrhundert einige ____________________ (KOLKRABEN), die von den Wächtern des Towers mit ____________________ (HINGABE) gefüttert werden. Der Sage nach wird das ____________________(BRITISCHE) Königreich, der ____________________ (COMMONWEALTH) untergehen, sobald die Vögel nicht mehr dort zu sehen sind. Die Geschichte wird zeigen, ob etwas ____________________ (WAHRES) daran ist.

14

3

27 – 21 Punkte | 20 – 14 Punkte | 13 – 0 Punkte | Gesamtpunktzahl

das oder dass? (1)

Die Schreibung von *das* und *dass* bereitet vielen Schwierigkeiten.
Als **Faustregel** kannst du dir merken:
Wenn man *dieses* oder *welches* einsetzen kann, schreibt man **das**.
Wenn das nicht möglich ist, schreibt man **dass**.

1 Ergänze: *das* oder *dass*?

______ **Kind** dieses Kind	______ **Buch** dieses Buch	______ **Telefon** dieses Telefon
______ **Geheimnis** dieses Geheimnis	______ **Fahrrad** dieses Fahrrad	______ **Brötchen** dieses Brötchen

______ **geht nicht!** Dieses geht nicht!	______ **stimmt!** Dieses stimmt!
______ **hat mich geärgert!** Dieses hat mich geärgert!	**Lass ______ !** Lass dieses!

Das Fahrrad, __________ gestohlen worden ist ... welches
Ein Problem, __________ wir gemeinsam lösen werden ...
Wo ist das Heft, __________ ich gekauft habe?

13

2 Ergänze *das* oder *dass*.

Ich dachte, __________ du mir helfen könntest.

Alle glauben, __________ ich allein die Schuld habe.

Ich finde es nicht richtig, __________ Jens bestraft wird. 3

Dass ist eine **Konjunktion**, die Nebensätze nach Verben des Sagens, Meinens oder Glaubens anschließt.
Er sagte, dass ... – Sie dachte, dass ... – Es meinte, dass ...

3

3 Setze *das* oder *dass* ein.

Ich wollte ________ verhindern.

Er soll ________ Geheimnis für sich behalten.

Was, ________ habe ich leider vergessen.

Ein Beispiel, ________ mir gerade einfällt.

Alle ärgerten sich, ________ der Wandertag ausfiel.

Sport ist ein Schulfach, ________ ich besonders mag.

Meine Freunde glaubten, ________ wir gewinnen würden.

Man sollte immer ________ Beste hoffen.

Frau Schmidt bestätigt, ________ wir morgen früh frei haben.

Erkan liebt Backgammon, ein Spiel, ________ man im Mittelmeerraum gern spielt.

Ich sehe ein, ________ ich mich falsch verhalten habe. 11

27 – 20 Punkte | 19 – 14 Punkte | 13 – 0 Punkte | Gesamtpunktzahl

das oder dass? (2)

1 Ergänze *das* oder *dass*.

... kein Geld

„Ohne echte Pistole gibt's kein Geld!", __________ sagte eine 29 Jahre alte Verkäuferin in einem Schreibwarenladen in München zu einem Räuber, der in ________ Geschäft gestürmt war. Die Polizei teilte mit, __________ der etwa 35 Jahre alte Mann vorgetäuscht hatte, __________ er mit einer Pistole bewaffnet sei, die er unter __________ Sakko gesteckt hatte. Die mutige Verkäuferin ließ sich durch __________ Gerede des Mannes nicht beeindrucken und wollte die Pistole sehen. Sie erkannte sofort, __________ es eine Spielzeugpistole war und jagte den Möchtegernräuber aus dem Laden. Er sagte beim Weglaufen: „Entschuldigung, ________ war nur ein Versehen." 8

2 Ergänze *das* oder *dass*.

Ruhestörung

________ Klingeln eines Telefons aus einem gerade geschlossenen Grab hat selbst altgedienten Totengräbern auf einem Friedhof bei Jerusalem einen Schrecken eingejagt. ________ israelische Fernsehen berichtete am Freitag, ________ die Friedhofsangestellten beim Aufstellen eines Grabsteins plötzlich deutlich ein unterirdisches Klingeln gehört und geglaubt haben, ________ es sich um Gespenster handelt. Die verstörten Totengräber beruhigten sich jedoch wieder, nachdem einer der Arbeiter bemerkt hatte, ________ sein Handy fehlte. Sie öffneten ________ Grab rasch wieder und fanden darin ________ klingelnde Telefon.

[ ] 7

3 **Ergänze *das* oder *dass*.**

Die Wanne ist voll

In der Zeitung stand, ________ eine Bremer Familie für einen vierwöchigen Urlaub eine Blumengießanlage erfunden und einen Wasserschaden von 15 000 Euro angerichtet hat. Die Familie hatte ihre Zimmerpflanzen in ________ Wasserbecken gestellt und den Wasserhahn tropfen lassen. ________ Verhängnis nahm seinen Lauf, als ein Topf umfiel und die abgefallenen Blätter ________ Abflusssieb verstopften. Wasser lief über und suchte sich einen Weg bis in den Keller des Mehrfamilienhauses. Ein Feuerwehrsprecher teilte mit, ________ die Wiederbeschaffung der vertrockneten Pflanzen höchstens 20 Euro gekostet hätte.

[ ] 5

[ ] 20–16 Punkte | 15–11 Punkte | 10–0 Punkte | [ ] Gesamtpunktzahl

das oder dass? (3)

1 **Lies den Brief durch, den Miriam an ihre Oma geschrieben hat. Überlege dabei, wo für die Sternchen *das* oder *dass* eingesetzt werden muss. Male die Sternchen mit Buntstift aus (*das* = blaues Sternchen, *dass* = rotes Sternchen).**

Liebe Oma!

Gestern sind meine Eltern und ich in Gran Canaria angekommen. Der Flug verlief ohne Schwierigkeiten, obwohl ☆ Flugzeug eine Stunde Verspätung hatte. ☆ Hotel liegt direkt am Meer. ☆ Zimmer meiner Eltern hat einen Balkon zur Meerseite, sodass man sich dort sonnen kann. ☆ Wetter ist so gut und ☆ Wasser ist noch so warm, ☆ wir gestern den ganzen Tag am Strand waren. Wir haben Vollpension gebucht.

☆ Essen schmeckt gut. Papa meint, ☆ wir alle in drei Wochen kugelrund werden. ☆ wäre schlimm! Ich hoffe, ☆ es dir gut geht im kühlen Deutschland und ☆ unser Hund Greif dir nicht zu viel Ärger macht.

Ich wünsche dir ☆ Beste.

Deine Miriam

12

2 **Schreibe den Text auf Seite 52 als Eigendiktat. Lies den Text Satz für Satz, decke ihn dann ab und schreibe jeden Satz aus dem Gedächtnis auf. Setze für die Sternchen *das* oder *dass* ein.**

12

24–18 Punkte

17–12 Punkte

11–0 Punkte

Gesamtpunktzahl

ent- oder end-, wieder- oder wider-?

Steckt im Wort die Bedeutung „Ende“, schreibt man *end-*.

1 Ordne die Wörter aus der Schale den vier Tassen zu.

Steckt im Wort die Bedeutung „erneut“, schreibt man *wieder-*.
Steckt im Wort die Bedeutung „gegen“ oder „zurück“, schreibt man *wider-*.

2 Es gibt nur wenige Wörter mit *wider-*. Du musst sie dir merken. Schreibe die folgenden Wörter ab.

widerfahren = jemandem geschieht etwas

Widerhaken = Haken mit zurückgebogener Spitze

Widerhall = Echo widerhallen = zurückhallen

widerlegen = das Gegenteil beweisen widerlich = abstoßend

widernatürlich = unnatürlich widerrechtlich = ungesetzlich

Widerrede = Gegenrede

Widerruf = Rückruf, Zurücknehmen einer Anordnung

Widersacher = Gegenspieler widersetzen = wehren

widersinnig = unsinnig, unlogisch widerspenstig = bockig

widerspiegeln = zurückspiegeln

widersprechen = entgegengesetzte Ansicht äußern

Widerspruch = Einwand Widerstand = Gegenwehr

widerstreben = gegen den Strich gehen widerwärtig = ekelhaft

Widerwille = Abneigung

______

______

______

______

______

______ [ ] 21

Eine Erlebniserzählung schreiben

Eine **Erlebniserzählung** schildert ein besonders spannendes Ereignis. Um das Geschehen lebendig auszugestalten, wird wörtliche Rede eingesetzt.
Neben der äußeren Handlung werden auch Gedanken und Gefühle der Personen mit ausdrucksstarken Verben und Adjektiven geschildert.

Stoffsammlung

- Ehepaar aus Hamburg.
- 10-jähriger Sohn Marco.
- Auf der Rückfahrt im Auto aus Italien.
- Raststätte Hildesheim.
- Tanken.
- Morgens gegen 5.30 Uhr, Donnerstag.
- Marco geht zur Toilette.
- Eltern bemerken das nicht.
- Er hatte auf dem Rücksitz unter einer Decke geschlafen.
- Eltern fahren weiter.
- Ankunft dort: 7 Uhr.
- Marco hat den Tankwart angesprochen.
- Der hat die Polizei benachrichtigt.
- Telefonanruf der Autobahnpolizei bei den Eltern.
- Eltern kommen zurück, holen ihren Sohn ab.

1 Schreibe zu der Stoffsammlung eine Erlebniserzählung in der Ich-Form. Stell dir vor, du bist Marco und erzählst deinen Freunden, was passiert ist. Schildere das Geschehen möglichst spannend – z. B., wie du deine Eltern überall gesucht hast, welche Gefühle du hattest, als du sie nirgends finden konntest, dass du schließlich den Einfall hattest, den Tankwart anzusprechen ...
Überlege dir auch eine Überschrift, die neugierig macht, ohne zu viel zu verraten.

Das Geschehen habe ich durchgängig in der Ich-Form geschildert.	4
Wörtliche Rede habe ich mehrmals eingesetzt.	4
Ich habe ausdrucksstarke Verben und Adjektive verwendet.	4

15–11 Punkte
10–8 Punkte
7–0 Punkte
Gesamtpunktzahl

Einen Gegenstand beschreiben

Bei der **Beschreibung** eines Gegenstandes wird zunächst der Gesamteindruck genannt. Dann folgen die Einzelheiten in sinnvoller Reihenfolge (z. B. von oben nach unten).
Erwähnt wird auch, wozu man den Gegenstand verwendet.
Treffende Adjektive machen die Beschreibung anschaulich.

1 Beschreibe den Gartenzwerg anschaulich. Verwende dazu Begriffe aus dem Wortspeicher.

bärtig *pausbäckig* *vierblättrig* *zur Seite geneigt* *farbenfroh*

gekleidet *rosafarben* *geschmückt* *freundlich* *strahlend blau*

rund *grün* *rot* *gelb*

Ich habe den Gesamteindruck und alle Einzelheiten beschrieben.	6
Die Reihenfolge ist sinnvoll.	4
Ich habe treffende Adjektive verwendet.	4
Den Verwendungszweck habe ich genannt.	2

16–11 Punkte 10–8 Punkte 7–0 Punkte Gesamtpunktzahl

Eine Person beschreiben

Eine **Personenbeschreibung** dient dem Wiedererkennen. Sie wird darum sachlich und anschaulich formuliert.
Zuerst nennt man Alter und Größe der Person, dann beschreibt man die Einzelheiten der Erscheinung in einer sinnvollen Reihenfolge (z. B. von oben nach unten) und schildert den Gesamteindruck.
Treffende Adjektive machen die Beschreibung anschaulich.

Gesichtsform: *kantig, oval, länglich, rundlich*

Stirn: *gewölbt, flach, hoch, niedrig, flächig*

Wangen: *eingefallen, gerötet, rundlich, blass, pausbäckig*

Kinn: *markant, eckig, spitz, rund, vorstehend, vorgeschoben, fliehend*

Nase: *breit, schmal, gerade, krumm, stupsig, kurz, lang*

Augen und Blick: *weit auseinanderstehend, eng, strahlend, blinzelnd, mit hängenden Lidern, streng, fröhlich blickend, traurig, freundlich, wach*

Augenbrauen: *geschwungen, buschig, zusammengewachsen, gezupft*

Mund und Lippen: *schmal, breit, voll, rot, blass, schmallippig, aufgeworfen*

Mundwinkel und Ausdruck: *verschmitzt lächelnd, herabgezogen, verkniffen*

Haare: *lang, kurz, schulterlang, gewellt, lockig, glatt, dunkel, hell, gescheitelt, hochgesteckt, gesträhnt*

Figur und Körperhaltung: *dick, dünn, groß, klein, schmächtig, gedrungen, aufrecht, gebückt, schlank, korpulent, füllig, rundlich, sportlich*

Kleidung: *sportlich, elegant, gepflegt, ordentlich, modern, farbenfroh, schlicht*

1 **Beschreibe deine beste Freundin/deinen besten Freund, ohne den Namen zu nennen. Du kannst dafür die Wörterliste zu Hilfe nehmen.**

Ich habe alle wichtigen Merkmale und den Gesamteindruck beschrieben.	6
Die Reihenfolge ist sinnvoll.	4
Ich habe treffende Adjektive verwendet.	4

Du kannst auch jemanden raten lassen, wen du beschrieben hast.

14–10 Punkte | 9–7 Punkte | 6–0 Punkte | Gesamtpunktzahl

Johann Peter Hebel (1760–1826)

Kalendergeschichte: Der kluge Richter

Ein reicher Mann hatte eine beträchtliche Geldsumme, welche in ein Tuch eingenäht war, aus Unvorsichtigkeit verloren. Er machte daher seinen Verlust bekannt und bot, wie man zu tun pflegt, dem ehrlichen Finder eine Belohnung, und zwar von hundert Talern an. Da kam bald ein guter und ehrlicher Mann dahergegangen. „Dein Geld habe ich gefunden. Dies wird's wohl sein! So nimm dein Eigentum zurück!" So sprach er mit dem heiteren Blick eines ehrlichen Mannes und eines guten Gewissens, und das war schön. Der andere machte auch ein fröhliches Gesicht, aber nur, weil er sein verloren geschätztes Geld wieder hatte. Denn wie es um seine Ehrlichkeit aussah, das wird sich bald zeigen. Er zählte das Geld und dachte unterdessen geschwinde nach, wie er den treuen Finder um seine versprochene Belohnung bringen könnte. „Guter Freund", sprach er hierauf, „es waren eigentlich 800 Taler in dem Tuch eingenäht. Ich finde aber nur noch 700 Taler. Ihr werdet also wohl eine Naht aufgetrennt und Eure 100 Taler Belohnung schon herausgenommen haben. Da habt Ihr wohl daran getan. Ich danke Euch." Das war nicht schön. Aber wir sind auch noch nicht am Ende. Ehrlich währt am längsten, und Unrecht schlägt seinen eigenen Herrn. Der ehrliche Finder, dem es weniger um die 100 Taler als um seine unbescholtene Rechtschaffenheit zu tun war, versicherte, dass er das Päcklein so gefunden habe, wie er es bringe, und es so bringe, wie er's gefunden habe. Am Ende kamen sie vor den Richter. Beide bestanden auch hier noch auf ihrer Behauptung, der eine, dass 800 Taler seien eingenäht gewesen, der andere, dass er von dem Gefundenen nichts genommen und das Päcklein nicht versehrt[1] habe. Da war guter Rat teuer. Aber der kluge Richter, der die Ehrlichkeit des einen und die schlechte Gesinnung des andern im Voraus zu kennen schien, griff die Sache so an: Er ließ sich von beiden über das, was sie aussagten, eine feste und feierliche Versicherung geben und tat hierauf folgenden Ausspruch: „Demnach, und wenn der eine von euch 800 Taler verloren, der andere aber nur ein Päcklein mit 700 Talern gefunden hat, so kann auch das Geld des Letztern nicht das nämliche sein, auf welches der Erstere ein Recht hat. Du, ehrlicher Freund, nimmst also das Geld, welches du gefunden hast, wieder zurück und behältst es in guter Verwahrung, bis der kommt, welcher nur 700 Taler verloren hat. Und dir da weiß ich keinen andern Rat, als du geduldest dich, bis derjenige sich meldet, der deine 800 Taler findet." So sprach der Richter, und dabei blieb es.

[1] beschädigt

Der Einleitungssatz der **Inhaltsangabe** nennt Autor, Titel und Textart.
Der Hauptteil fasst das Geschehen in der zeitlichen Reihenfolge knapp zusammen. Der Schluss sagt etwas über die Absicht des Autors.
Die Inhaltsangabe steht im Präsens, für Ereignisse, die vor der eigentlichen Handlung liegen, wird das Perfekt verwendet:
Ein reicher Mann, der einen Geldbeutel verloren hat, verkündet ...

1 Lies die Geschichte aufmerksam – am besten zweimal. Formuliere dann den Einleitungssatz der Inhaltsangabe.

In der Kalendergeschichte ______________________________

erzählt ______________________________, wie ______________

____

______________________________________, durch eine kluge

richterliche Entscheidung aber doch zu seiner verdienten Belohnung kommt. [ ] 3

2 Schreibe Hauptteil und Schluss der Inhaltsangabe auf ein gesondertes Blatt.

Der Hauptteil fasst das Geschehen in seinem zeitlichen Ablauf zusammen. [ ] 8
Der Schluss sagt etwas über die Absicht des Autors. [ ] 2
Der Text steht im Präsens, für Vorzeitiges wird das Perfekt verwendet. [ ] 3

[ ] 16–12 Punkte 11–8 Punkte 7–0 Punkte [ ] Gesamtpunktzahl

Autor Diethard Lübke

Bibliografische Information der Deutschen Nationalbibliothek
Die Deutsche Nationalbibliothek verzeichnet diese Publikation in der Deutschen Nationalbibliografie; detaillierte bibliografische Daten sind im Internet über http://dnb.dnb.de abrufbar.

1. Auflage D

Bibliographisches Institut GmbH
Mecklenburgische Straße 53, 14197 Berlin

Redaktionelle Leitung Anika Donner
Redaktion Maria Bley
Illustrationen Dorina Teßmann
Herstellung Ursula Fürst
Layout Horst Bachmann
Umschlaggestaltung 2issue, München
Umschlagillustration Dorina Tessmann
Satz Satzpunkt Ursula Ewert GmbH, Bayreuth
Druck und Bindung Heenemann GmbH & Co. KG
Bessemerstraße 83–91, 12103 Berlin
Printed in Germany

PEFC
PEFC/04-31-1156

PEFC zertifiziert
Dieses Produkt stammt aus nachhaltig bewirtschafteten Wäldern und kontrollierten Quellen.
www.pefc.de

ISBN 978-3-411-87136-0